얼굴을 더듬다

이 도서의 국립중앙도서관 출판시도서목록(CIP)은
e-CIP홈페이지(http://www.nl.go.kr/ecip)와
국가자료공동목록시스템(http://www.nl.go.kr/
kolisnet)에서 이용하실 수 있습니다.
(CIP제어번호:CIP2012004187)

실천시선
201

얼굴을 더듬다

유종인

실천문학사

차례

제1부

풀	11
춘니(春泥)	12
마음	13
팔레스타인	14
행진곡	16
숭어	17
파밭에서	18
묵집	19
빈 화분을 보며	20
파묘(破墓)	22
경계의 꽃밭	23
저수지의 돌	24
시안(詩眼)	25
폐가에서	26
유전(流轉)	27
이발소 그림을 보다	28
채송화 소견(所見)	29
복(鰒)집을 지나며	30
호수 얼음장 위에 축구공 하나 있다	31

망루를 향하여 32
선인장 소견(所見) 34

제2부

봄 37
두꺼비의 오라 38
두꺼비 39
향로봉 밑에 새로 산가(山家)를 마련하여 초당(草堂)이
처음으로 이루어진지라, 마침 동쪽 벽(壁)에 시(詩)를
쓴다는 것 40
연적(硯滴)을 사다 42
토란 잎과 놀다 43
꽃게에 물린 자국 44
사랑 45
얼굴을 더듬다 46
큰물이 지나간 뒤 47
뻐꾸기, 무덤을 따다 48
산밤 49
사족(蛇足) 50

수국(水菊)	52
천지연폭포	54
풀베개	55
사창가의 개오동나무	56
가을은	58
단풍	61
솔숲에서	62

제3부

카메라 옵스큐라	65
싸락눈	66
연잎들	67
어떤 안부	68
자전거 도둑	70
꽃	72
동해 용오름	75
독락당(獨樂堂)을 지으면	76
꽃 생각	78
비질 소리	79
산굼부리에서	80

눈에 관한 백서(白書)	82
까치집	84
마음 2	85
국수	86
무연고 묘지에 내리는 눈	88
소일(消日)	90
소천(召天)	91
촉지도(觸地圖)를 읽다	92
비닐전(傳)	94

제4부

매화 숲을 지나다	97
격물 소고(格物小考)	98
괴석(怪石)을 보며	101
한겨울 뱀을 생각하기로	102
시인	104
마음 3	105
한월(寒月)	106
왕버들 목침(木枕)	107
별서(別墅)를 찾아서	108

춘란과 함께 110
아령 111
묘지에서 놀다 112
돌부리 114
자[尺] 115
최북(崔北) 116
고드름 118
주일(主日) 120
청설모 121
서귀포에서 122
봄날 124
두더지 두둑을 밟다 125
천상(天賞) 126
사월의 눈 127
들판의 거울 128

해설 장철환 133
시인의 말 151

제1부

풀

죽은 자여,

이 갓 낳은 초록을 마저 보라

무덤 풀 새로 돋아 손으로 쓸어보니

죽었다

살아왔다는 그 말이

푸르게

젖어왔네

춘니(春泥)

댓돌 위에 벗어놓은
야윈 고무신이
살이 붙다

춘란이 피었다기에
산길을
홀로 걸어

맘엔 듯 신발굽엔 듯
붉은 산흙이
따라왔다

마음

하루는 눈물 글썽한 상거지가 다녀갔다

또 하루는 꽃도 없이 바위가 그늘졌다

오늘은 술이나 받게

죽통(竹桶)처럼

비었다

팔레스타인

망자(亡者)보다 하마스*가 숨었을 거라고

공동묘지에 미사일 세례가 쏟아졌다

망연한 노인의 손짓이

빈 하늘만

찔러댔다

오폭(誤爆)이 아니라 정조준의 은신처라니!

그 의심,

죽은 자를 산 자로도 만드나니

수천 년 유민(流民)의 정처는

무덤에도

없었구나

---

* 팔레스타인 점령지를 중심으로 반(反)이스라엘 투쟁을 전개하는 이슬람
원리주의 조직.

행진곡

이라크로 달려가요
미얀마로 잠입해요

앙골라 르완다로 다친 듯이 날아가요

석씨(釋氏)*가 아녀도 돼요
티베트에 눈길 줘요

---

* 석가모니(釋迦牟尼)의 속칭.

숭어

십여 리 뻘밭 길을 지게가 걸어온다

기우뚱한 발채에서 떨어진 숭어 하나,

먼 마을 개 짖는 소리에

눈을 질끈

감는다

파밭에서

파들이 총총(蔥蔥)해도

파꽃은 성기어라

마음을 다지려 해도 허천난 듯 쓰려오니

나비를

한 식경 불러다

독무(獨舞)를 열면

어떻겠나

묵집

돌아가신 어머니가
다시 돌아와도 좋아라

해묵은 틀니 같은 거
풀섶에 버려두고

아들아,
겸상을 하자
오늘만은

잇몸이다!

빈 화분을 보며

꽃 대신 고추 모종을 빈 화분에 심는 노파여

당신의 머리에는 백초(白草)가 성성하여

가벼운 몸분(盆)엔 벌써

저승꽃이 거뭇해라

한 계절을 비워냈기로 관(棺)으로 쓰일쏘냐

여우비를 심어볼까

천뢰(天籟)의 시를 옮겨볼까

아니야,

광야를 불러다

숨통 하날 틔워보자

파묘(破墓)

뼈들이 이사 가고

갈잎들이 세를 든다

들개가 숨어들다

오싹하여 도로 난다

봄눈[春雪]이

오래 묵겠다

하얀 관(棺)을

져 내린다

경계의 꽃밭

땅이야 나눈다지만 하늘을 나눌 순 없어

성북동 옛집 담장에 화분들이 올라 있다

그분이

담을 넘을 땐

꽃눈 밖에 났겠다

저수지의 돌

혹시나 말이 샐까

침묵에도

물결 덮다

돌 가슴에 글을 쪼던 빗돌에서 잘려 나와

물속에

마실 온 지가

숨이 끊겨

아득하다

시안(詩眼)

묵은 시를 태우니
사족(蛇足)들이 발뺌한다

예순 몇 해 봄날 만에
대꽃이
저승꽃이라

무릎을 탁, 치며 죽는
가지 많은
대나무들

폐가에서

담벼락에 구멍 난 데로 오줌 누는 취객과 뒤란의 우물 뚜껑에 뛰어오른 잡초들이 데꾼한 가을볕에는 내통하듯 보였네

대문간 돌쩌귀에 흰민들레 꽃 올라앉아 줄초상 지나간 기일(忌日)을 저 혼자 셈하는지 누가 와 헛제삿밥이라도 적막 가득 먹고 갔으면

바람벽에 걸려 있는 달력 사진의 미녀들, 우북한 잡초 마당으로 걸어 나올 날 있나 눈치껏 천년을 사는 먼지들만 더듬네

냉랭한 아궁이 앞에 무릎을 쓸어안고 반생(半生)쯤은 지피다 갔을 사람들의 재를 보네 쓰거운 불의 잔치가 방고래를 돌다 갔네

유전(流轉)

잔설은 소나무 밑에 삼월을 살았다

햇살이 손잡고 간 그 하늘 길 보려고

버려진 조각 거울엔 흙먼지가 몰려 있다

이발소 그림을 보다

징검돌을 건너가는 여름 아이의 발뒤꿈치,
바람에 멱을 감는 미루나무 휘인 허리를
저 해는 지지도 않고 첫날밤처럼 붉게 섰다

하이얀 폭포 줄기는 참 오래 서 있습니다
다산(多産)의 암퇘지는 오래도록 누웠습니다
장발(長髮)의 수양버들을 이발 의자에 앉혀봅니다

눈발 치는 창밖 도심을 내다보는 시골 정경,
비녀 낀 머리 위에 한 항아리 하늘을 이고
아낙은 삽살개 데리고 먼 고향을 삽니다

채송화 소견(所見)

화단의 문지방에
웃다가 걸려 넘어져

흘려진 듯
넘치는 듯
두더지 둔덕 곁에 두고

하늘도
맨발로 내려와
꽃 다칠까

까치발!

복(鰒)집을 지나며

수족관의 까치복(鰒)이
외따로
부풀었다

추위로 곱은 손에 입김 시(詩)를 불다 보니

빠드득
이빨을 간다는
깊은 독(毒)에도
맛들겠다

호수 얼음장 위에 축구공 하나 있다

아이가 손끝으로
얼음장을 가리켰다

아아, 저런!
누구의 발길질이 휘었던가

봄이야,
물결을 불러다
토라진 공을 돌려다오

망루를 향하여
―용산 참사 현장에서

하늘이 저 혼자서 꽃숨을 쉰다기에 흩어진 나무들 엮어 다락을 올렸지요

그때는 숨을 쉬어도 하늘과 같이

쉬었는데

사람이 사람에 쫓겨 불야성을 지었다가 날개도 없는 몸을 숯덩이로 떨궜지요

지금은 같이 살자고 받은 숨도

내놨는데

멀리 가는 들머리에 이마 훤한 거위영장 비바람에 봉충

다리를 주저앉혀 사는 것은

그때나 지금이나 간에 하늘땅이

한솥밥이라

선인장 소견(所見)

눈동자를 찔러봐도
허공은 말이 없다

가시만을 물어 가는 새들도 있을까만

촘촘히 가시가 욱어도
피는 꽃엔
비켜선다

제2부

봄
―차에 치인 개

귀때기가 갈렸구나
다리 하나가 잘렸구나

사나운 길들에게 물리기도 물렸구나

이리 와

두 발을 내어라

매화 가지에 얹어주마

두꺼비의 오라

한밤중

천은사(泉隱寺) 앞마당을 질러간다

불빛에 모이는 각시나방을 반기러 간다

과묵한

입이 벌어져

혀의 오라만

꽃 붉겠다

두꺼비

아둔한 저희라서 침묵의 소관이라니,

읽히는 게 없다니,

아니다,

더듬어봐라!

지옥의 소름을 끌어다

몸에 두른

점자(點字)를,

향로봉 밑에 새로 산가(山家)를 마련하여 초당(草堂)이 처음으로 이루어진지라, 마침 동쪽 벽(壁)에 시(詩)를 쓴다는 것*

옛집의 헐은 벽 속에 수숫대들 가난한데

오오오, 저 갈빗대들

감싸주면 다정한 벽에

참숯은

제 몸을 갈리며

옛일들을

적어내고

흰 머리칼 뽑아 들고 깃털이라 웃은 아내,

저녁엔 희나리 태워

흰 연기를 길러내고

내일은

여울에 나가

동자개를 데려오리

---

* 香盧峰下新卜山家草堂初成偶題東壁. 백거이(白居易)의 시「초당(草堂)」
  의 원제(原題)를 취하다.

연적(硯滴)을 사다

가두는 물을 사려니
따르는 물이 설레었다

치자 물도 아니고
찻물도 못 되는데,

따르는 물을 사려니
담아논 물이
깊었다

토란 잎과 놀다

소낙비가 토란 밭에 맨발로 들어서고요

바람은 잎 접시에 비의 면발 옮겨 담고요

나어린 창녀의 눈길이

물국수를

빨고요

꽃게에 물린 자국

꽃게에 물린 손가락 가만히 들여다보니

새만금 변산 앞바다

내 떠날 줄 미리 알고

썰물로

빠질 리 없는

이정표를 박았구나

사랑

길 잃은 아이 하나가 저만치 울고 있기에

그늘 속에 섰던 눈사람

햇빛 속에 걸어 나가선

괜찮다,

울지 말거라

녹는 몸으로

달랜다

얼굴을 더듬다

흰 모란꽃을 잘못 보고 작약꽃이라 일러줬다

모란꽃이 지고 나서야 작약꽃을 마주쳤다

꽃 이름

허공에 버리고

그 얼굴만 더듬었다

큰물이 지나간 뒤

큰물이 지나간 뒤 계곡에 놀러갔지요

못 보던 바위들이 마중하듯 내려왔고요

통째로 쓸려 온 무덤이

뼈를 내어

씻기네요

뻐꾸기, 무덤을 따다

뻐꾸기 소리가

무덤을 따고 있다

이 초록이 살리겠다고

저 햇살이 이끌겠다고,

왜 그래,

왜 그러고 누웠어?

무덤 열고 나오란다

산밤

하산길

산밤을 주워 두 됫박쯤 삶았더니

밤벌레가 먹다 죽어

한 됫박쯤 골라내고

열병에 들뜬 딸 입에

선약(仙藥)인 듯

파 먹였다

사족(蛇足)
—한하운(韓何雲) 시인 묘지에서

문드러진 귓바퀴로 작달비가 들이친다

떨어진 손가락을 들개가 물어 가니

서녘의 붉은 구름도

시의 몸은

아니라서

손 대신 손목을 주고

코 대신 이마를 낸 뒤

남몰래 흘린 눈물이 버린 귀에 떨어지면

몸이야

이까짓 몸이야

맘에 비하면

사족(蛇足)이지

수국(水菊)

피어나는 줄 모르고
저렇게 피어 있는 건

산 줄도 모르고
부음을 받는 일이네

탐스런 꽃차례 꺾어
드릴 이도
드문 저녁,

굴러라, 꽃봉오리들

담을 넘고
울을 넘어

공처럼 탱탱하게 저승까지 꽃 굴러가서

어머니, 혼자인 밥상에

겸상하듯

꽃 들어라

천지연폭포

야차(夜叉)의 귀가 베이는 물의 장검(長劍)이 예 섰구나

싸매고 누워서 울던 옛 강물을 내던지니

하늘땅 잇닿는 창(唱)이

연리지(連理枝)로 먹먹하다

풀베개

초가을 들판 길을 홀로 걷다 멈춘 자리,

그대와 함께 베던 풀베개가 외따롭다

때마침 여치가 오르자

풀썩이며 주저앉네

사창가의 개오동나무

담벼락 틈새에서 자라 오른 개오동나무

낮거리 사내 등에 잎 그늘을 얹었다가,

가출한 아내를 찾는군

등 두드리며

펄럭인다

참 세월엔 벽오동 꽃, 쓴 세월엔 개오동 꽃,

그 꽃 몸들, 아랫도리로 팔도(八道) 사내 품어준 건

병든 몸 늙은 창녀와

기둥서방

오동(梧桐)일세

가을은

전생(前生)의 빚쟁이들이 소낙비로 다녀간 뒤

내 빚이 무엇인가

두꺼비에 물어보면

이놈은 소름만 키워서

잠든 돌에

비게질이다

단풍은 매일 조금씩 구간(舊刊)에서 신간(新刊)으로

한 몸을 여러 몸으로 물불을 갈마드는데

이 몸은

어느 춤에 홀려

병든 피를

씻기려나

추녀 밑에 바래 놔둔 춘란 잎을 어루나니

서늘타, 그 잎 촉(燭)들!

샛강 물도 서늘했겠다

막걸리 몇 말을 풀어서

적막 강심(江心)을

달래야겠다

단풍

핏빛인데 죄악인데

여기 죄가 아니구나

죄악인데 핏빛인데

몹쓸 죄도 아니구나

피칠갑

뿌리까지 스며서

이승 저승

혼곤하다

솔숲에서

바람에 나부껴서 솔숲에 든 신문지를

다저녁때 노을빛에 비춰 읽던 소나무들,

왜일까

읽던 신문을 마을을 향해

띄운 까닭은

제3부

카메라 옵스큐라

거꾸로 선 나무들이 뿌리 얼굴로 환히 울면,

양수 터진 바위는

역산(逆産)으로 꽃을 낳다

마음에

씌워진 달무리

고쳐보면

햇무리네

싸락눈

싸락눈이 내리치니

겹처마가 떠올랐다

싸락눈이 쳐대니

나막신이 걸어왔다

흐뭇한,

또 흐뭇한 무엇이

눈을 감고

내게 왔다

연잎들

더 적어둘 걸 그랬다

적바림이 게을렀다

당신은 초로경(草露經)을 이냥저냥 궁굴렸을 뿐

바람의

강퍅한 험담에

고첩(古帖)인 양

삭았다

어떤 안부

족제비야 담비야 삵들아 수달들아

날 풀리거든

제일 먼저 샛강에 다녀가거라

하늘도

시린 눈빛을 거기 담고 있으렸다

마주치거든 마주쳐보자 겁나거든 겁만 내자 괜찮거든 걸음 늦추고

스치듯 거릴 좁히며

왜 왔어

퉁을 주면서

속말로나 웃어보자

자전거 도둑

성당 앞에 세워둔 자전거가 사라졌다

신부님은 출타 중이고 수녀님도 모르는 일,

성모(聖母) 곁 넝쿨장미만

얼굴 붉히며 시치미 떼니

여기서 지구 반 바퀴 빌려 탄 길 떠올린다

기다림이 무너진 날 도둑도 생기리라

하나님 타고 갔겠지

가을볕을 뒤에 태우고

눈 먼 아이 찾아가듯 아프니까 아프리카로

강물 허리 둘러메고 오병이어(五餅二魚) 불려주러

내게는 빈터를 주고

하나님이 슬쩍했지

꽃

1

바위가 쩍, 금이 갔다

입일까

문(門)일까

눈석임물이 흘러든다

도마뱀이 빠져나온다

침묵도

아랫도리라

암꽃일까

수꽃일까

2

바위틈이 벌어진다

할 말일까

들을 말일까

달빛은 돌려 말하고

햇빛은 질러 말하고

바람도

색(色)이 다르네

입어볼까

발라볼까

동해 용오름

허천난 하늘 아기야,

바다에 젖 오름 있다

난바다도 가슴을 풀어

쇠뿔 젖을 올리고 있다

이참에

중화(中火)* 로 드시라

승천하는 물고기들

---

* 길을 가다가 점심을 먹음, 또는 그 점심.

독락당(獨樂堂)을 지으면

울담에 무슨 일이냐
수다스런 저녁 새 떼야,
구순한 입담들 그 부리의 힘으로
한 솥의 멥쌀을 안쳐도
불 땔 힘이 남겠다

근심처럼 식은 밥
가만히 눌러 펴서
귀가 탄 누룽지로 보름달을 구워내고
삽살개 심심한 입에도 달 귀퉁이를 물려주면

소낙비에 들길이 뛰던 한낮을 다시 불러
토란 잎 우산을 든 소몰이 아이를 쫓고
비안개 이불 속으로 숨어드는 먼 산이 있어

물억새 하얗게 세는 가을 녘이 아니라도
삭발을 하기도 전에 머리숱이 성긴 중년,

대처(帶妻)가 아내뿐이랴
사방 고요한 첩(妾)질이구나

꽃 생각

콧등 시린 겨울날은 마른 난 꽃들 태우다가

춘삼월

공동묘지의 할미꽃도 간절해라

초승달

곁두리 삼아

술을 치던

유령란(幽靈蘭)아,

비질 소리

아파트 육 층까지 비질 소리 올라온다

귀뚜리가

지구 위에 두 줄 수염을 내려놓고,

뭘 쓸까

고민하다가

빈 마당에

소스라친다

산굼부리*에서

움푹하다

귀웅젖이다

울음 나듯

빈 젖이 돈다

한번은 천둥 애기가 깊게 빨 모양이다

울음 떼

탐라(耽羅)의 하늘도

동냥젖을

물거라

* 제주시 조천읍에 있는 제주 유일의 폭렬공 기생화산이다. 용암이나 화산재의 분출 없이 열기의 폭발로 암석을 날려 구멍만 남게 되었는데 그 깊이가 100미터, 지름이 600미터다.

눈에 관한 백서(白書)

눈 내린 지붕마다 책장이 펼쳐진다

한 장에 수백 수천 면면(面面)이 돋아 올라

낮달이 읽던 행간을

별빛이 스며 읽고

한뎃잠을 자고 온 해가 점자처럼 더듬어도

제 안의 습한 내력 눈석임물로 흘려주는

그대의 하늘 문장에

마른 땅이 젖는다

무심코 읽다 보면 선득해진 천애(天涯) 문장,

고드름은 떨어지며 책갈피처럼 꽂히는데

온전히 다 읽은 나무는

꽃 몸살을 앓는다

까치집

폐가인가, 했더니

그렇게 오래 봤더니

우듬지가 흔들렸다

꽁지깃이 보였다

우환(憂患)에 맛들린 집이

정든 집이 됐구나

마음 2

삽살개가 왔으면 해도

들고양이가 다녀가고

선비가 들었는가 해도 들병이가 몸져눕네

괴석(怪石)을 어루만져서

청옥(靑玉)의 날만

품었구나

국수

1

늙은 창녀와 먹어도 되고

노숙 노인과 먹어도 되네

도망 중인 조선족과 눈빛 깊은 네팔人과

한세월

젓가락질하며 울음 감춰 먹어도 되네

2

출출하신 어머니가 무덤 밖에 나셨을 때

무덤 문 닫히기 전에

아들과 서서 먹는

저승도 장수하시라

말아드린

잔치국수

부연고 묘지에 내리는 눈

읽어보세요

이 백지(白紙)를 읽으러 걸어 나오세요

폭설의 흐린 하늘을 유족처럼 거느리시고

적막한 눈설레를 봐요

한 무덤 속

세상이지요

덮어보세요

생시(生時)처럼 눈 이불을 끌어 덮으세요

추운 몸이 남았거들랑 소름도 끼쳐보세요

이승은,

무덤과 무덤 사이

속울음 찬

샛길이고요

소일(消日)

오일장 한 켠에서
새장 속의 화초닭 본다

화초닭 오늘 얻으면
내일은
마당을 사고

모레는
한낮에 우는
화초닭에 개를 붙이다

소천(召天)

예순 해를 묵히다가
놓아버린
주소 한 줄

쇠기러기 떼 쇠기러기 떼
엉덩이가 가벼워져서

소주가 찌르르, 운다
털어 넣는
하늘 맛.

족지도(觸地圖)를 읽다

휠체어 리프트가 선반처럼 올라간 뒤
역 계단 손잡이를 가만히 잡아본다
사마귀 그 점자들이 철판 위에 돋아 있다

사라진 시신경을 손끝에 모은 사람들
입동 근처 허공중엔 첫눈마저 들끓어서
사라진 하늘의 깊이를 맨얼굴로 읽고 있다

귀청이 찢어질 듯 하행선 열차 소리
가슴 저 밑바닥에 깔려 있는 기억의 레일
누군가 밟고 오려고 귓불이 자꾸 붉어진다

나무는 죽을 때까지 땅 속을 더듬어가고
쉼 없이 꺾이는 길을 허방처럼 담은 세상
죄 앞에 눈 못 뜬 날을 철필로나 적어볼까

내 안에 읽지 못한 요철 덩어리 하나 있어

눈귀가 밝던 나도 소스라치게 놀라는 몸
어머니 무덤마저도 통점의 지도였다

비닐전(傳)

늦겨울 묵정밭도
이쯤해서
염(殮)을 걷자

물렀다가
메말랐고
곰삭았다
바스라졌다

한 꺼풀
저승의 수의(壽衣)가
훌딱 벗고,

이승이다

제4부

매화 숲을 지나다

매화 숲을 덧없이 스쳐가는 건
매병(呆病)이다

향기를 팔지 않는 그 적막이 오롯해서

오히려
마음을 당기네

꽃이 져도
꽃이 서네

격물 소고(格物小考)
―바위

뱀들이 왔으면
바위 곁에 왔으면

눈알이 머루 같고
온몸이 비단 같으면

바위야, 어디를 물린들
억겁 비명에 귀가 멀리

꽃들이 왔으면
뿌리가 걸음 놓아

꽃빛을 새로 차려
먼 하늘을 불렀으면

바위야, 꽃 그림자 곁에

먹성 없이 배부르리

반편이와 노숙자가
행려와 창녀들이

소나무 숲 너럭바위에
언청이의 초대를 받아

마음에 얹힌 응어리
막술로나 풀다 가리

바위가 바위 곁에
바람이 바위 사이에

솔가리에 묻힌 내력
돌이끼로 번진 그늘

새똥이 점안(點眼)하여도
함묵(緘默)하는
돌섬이여

괴석(怪石)을 보며

굴형을 모셨으니 침묵도 달겠구나

미색(美色)은 이내 질려

추색(醜色)으로 여울졌구나

해와 달

한 몸에 달여서

말씀 한 번 파랑이구나

한겨울 뱀을 생각하기로

함박눈에 뱀 생각을

쓰겁게 꺼내노니,

핫옷을 입혀서는 눈 구경을 시킨 뒤에,

먹물에

담근 몸으로 화선지를 가보라네

눈밭에 불타는 나무, 그 선처(善處)에 기어올라

냉혈(冷血)의 뻿센 몸을 굽이굽이 풀은 뒤에

일필(一筆)로

달리는 설원

왕희지(王羲之)가

몸을 탔다

시인

가난은 나의 들판

품이 넓어 호젓하다

신(神)들의 눈썰미를 품평하는 가을 들길,

석마(石馬)에 스민 햇살에

손을 얹고

천리 간다

마음 3

낙숫물에 가슴이 패는 막돌을 보여드리지요

파죽(破竹)으로 몸을 펼친 비닐우산 받치지요

틀니를 사리처럼 남긴 당신은 또 어떻고요

한월(寒月)

계곡의 바위들이 흘려만 주던 물길인데

그 손 좀 잡아보자 침묵의 구애 깊었는가

한겨울

바위와 물살의

굳은 포옹 뜨겁구나

왕버들 목침(木枕)

베어진 왕버들이 농수로에 버려졌어

치렁치렁
세월세월

행초서(行草書)를 날렸는데,

토막 난
생신(生身)을 골라

베개 삼는 늙은이.

별서(別墅)를 찾아서

지병을 애첩 삼아도
독필(禿筆) 하나 쥘 힘 있어

산닭의 피를 찍어 대숲 소리를 베껴 쓰다

댓돌에 고인 빗물이
필세(筆洗)인 양
오랜 문밖

들국화를 따다 말려
차향으로 피워내고

겨울엔 봄을 믿고
봄에는
환생을 믿어

기왓골
와송(瓦松)을 따서
병든 벗에게 부친다

춘란과 함께

일산장(場) 모퉁이서 춘란을 몇 촉 산 뒤,

한뎃밥 먹는 장꾼들

물끄러미 바라보다

시드는 춘란 생각에 비꽃처럼 집에 왔다

아령

산벚꽃 꺾인 가지를 산길에서 주워 들다

버려진 돼지 뼈를 골동(骨董)처럼 집어들 때,

적막은

계곡물 소리를

하늘 높이 치켜드네

묘지에서 놀다

깨진 빗돌 위에 물총새가 앉아 있다

입에 문 미꾸리는 초주검이 되었는데

청동 빛 가슴 깃털을

훈장처럼

부풀린다

음각(陰刻)된 망자 이름에 파고든 새똥 한 점,

비록에 똥일망정 구천(九泉)까지 밝히라고

새하얀 꽃 빛을 하고

겨울 내내

생색(生色)이네

돌부리

취객의 토사물이 돌부리에 걸쳐졌다

까치가 내려와서 토사물을 쪼고 있다

더불어

박힌 돌까지

천년 취기를

깨고 있다

자〔尺〕

연못에 빠진 댓조각,

숨 막히게 심심했는가

지나던 버들치 불러 키들을 재주면서

제 키를 훌쩍 넘는 건

재도 않고

월척이란다

최북(崔北)

눈보라 치는 밤에 지두화(指頭畵)를 그렸느니

파락호가 돈푼으로 내 그림을 뺏으려들면

가난이 송곳을 들어

한쪽 눈을

찔렀다

속내를 끌어내느라 됫병 술을 비운 뒤에

메추라기 먹빛 울음이 장지(壯紙) 밭을 휘돌아들면

가난은 신운(神韻)을 얻어

허공마저

사무쳤네

고드름

얼음의,

녹는 자(尺)

얼음의,

녹는 창(槍)

얼음의,

녹는 이빨, 얼음의

눈물 꼬치들

매달려 처마에 매달려

종신형을

사는

겨울.

주일(主日)

말 한번 못 붙여본

중년의 왜소증 여인이

본당 밖 찬 복도에서 지각 미사를 보고 있다

때마침 흰 눈발 들이쳐

미사포를 씌워주네

청설모

이 나무와 저 나무 사이 연리지(連理枝)로 잇는 도약,

텃세 뺏긴 다람쥐가 먼발치로 보는 강식(强食),

호두알 부수는 이빨에

이크, 놀란

햇살들,

서귀포에서
―섶섬이 보이는 이중섭 방에서

1

이중섭이 가난을 면치 못해 살고 있다
어린것들, 저 여린 것들
살았을 때
그려주자
눈빛만 온전히 그려도
천국을
면치 못해,

2

양명하다, 이 한마디에 어머니는 돌아오셨다
서쪽으로 돌아가셨다 서쪽으로 돌아오셨다
틀니는 다시 끼시고
갯메꽃은

귀에 꽂고,

3

어머니가 돌아오시듯 대향(大鄕)*이도 돌아와서
꽃게와 아이들과 아내와 물고기들과
섬섬을 한눈에 넣고
가난마저
웃겨 살게

───────────────
* 이중섭(李仲燮)의 아호.

봄날
―부부

산자락 이장(移葬)한 터에 부부가 마주 앉아

서로의 볼우물 가득 김밥을 먹여준다

이상한 슬픔이었다!

묻으면서

불러오는,

두더지 두둑을 밟다

살구나무 우듬지의 살구꽃을 더 보겠다고

두더지 흙두둑을 디딤돌처럼 밟는 난쟁이,

까치발

난쟁이의 콧등에

하루 먼저

지는

꽃
잎

천상(天賞)

그 가을에 딸이 왔다

그 여름에 또 딸이 왔다

멀리 갈 게 아니란다, 여기서 머물겠단다

아비의 술추렴 곁에서

흙장난을 하겠단다

사월의 눈

지난밤에 읽다 만 거

그것 마저 읽어달라고

국순전(麴醇傳)도 좋거니 조침문(弔針文)도 괜찮거니

궂긴 몸, 출관(出棺)을 막으며

애길 조르는

진눈깨비

들판의 거울

누군가 내다 놓은 깨진 거울 속으로

문짝을 두드리듯 가만히 눈발 친다

계시오,

문고리가 없어

미끄러지는 숫눈 일가(一家)

흙먼지에 곱게 덮인 그 안에는 누가 사나

새끼 염소 입김에도 부우옇게 닫히더니

매에에,

새끼 울음에

에미 얼굴 열어준다

해설 · 시인의 말

해설

생(生)의 적바림과 아버지의 붓

장철환 문학평론가

1

왜 시조(時調)인가? 1996년 『문예중앙』에 신인상으로 등단한 후 지금까지 총 네 권의 시집을 상자한 시인에게 시조집이라니, 이 무슨 의고(擬古)와 외도(外道)인가? 그러나 놀랍게도 시인은 이 명명백백한 외도를 "시에 대한 외도(外道)로서가 아니라 시에 대한 본도(本道)로서 시조의 품격"을 염두에 두고 있으니 더욱 희한한 일이다. 그러니 다시 물을 일이다. 무엇이 시의 본도로서 시조의 품격을 이루는가? 이 질문은 지금으로부터 십 년 전, 『동아일보』 신춘문예에 시조가 당선되었을 때의 우리를 이끈다. 그는 "내가 나에게 멀어짐으로써 진정 나에게 가까워진다는 것을 나는 소외의 장르가 아닌 시조의 문맥 속에 찾고 싶었다"라고 당선 소감을 피력한 바 있다. "내가 나에게 멀어짐으로써 진정 나에게 가까워진다는 것"이 시조 선택의 이유인 것이다. 그렇다면 그는 진정 '나'를 찾기 위해 자신으로부터 멀어지는 역설적 방법의 가능성을 시조에서 목도한 것일까?

"내가 나에게 멀어짐으로써 진정 나에게 가까워진다는 것", 이것은 나로부터의 거리두기다. 그럼 어떻게 내가 나로부터 멀어질 수 있는가? 유종인은 나와 나 사이에 일종의 우회로를 팜으로써 나로부터 멀어지는 방식을 취한다. 즉 사물을 통한 우회로 파기. 마치 잠에 들기 위해 들판의 양을 세는 것처럼. 당연한 얘기겠지만 잠을 자야 한다는 의식은 오히려 잠을 방해한다. 숙면에 들기 위해서는 먼저 자야 한다는 강박을 버려야 한다. 잠을 불러오는 생각들, 양을 세는 일은 바로 이 자야 한다는 얽매임을 벗어나기 위한 하나의 방법인 것이다. 마찬가지로 나에게 가까워져야겠다는 의식이 나에게로의 접근을 방해한다면, 이때 우리에게 필요한 것은 의식의 양들이다. 사물을 통한 우회로 파기는 바로 이 의식의 양들을 초원에 풀어 놓고 그 숫자를 세는 일이다.

그가 상자한 네 권의 시집 속에는 사물을 통한 우회로 파기의 실제적 여로가 그대로 노정되어 있다. 첫 번째 시집 『아껴 먹는 슬픔』(문학과지성사, 2001)에서 보여준 '자아'에 대한 거침없는 폭로는, 두 번째 시집 『교우록』(문학과지성사, 2005)에 이르러 "마음 안에서 이미 깊이 이어져 있는 사물과 사물의 '사이'"인 '공존의 유비'(이장욱, 〈해설〉, 158쪽)로 나타나고, 세 번째 시집 『수수밭 전별기』(실천문학사, 2007)에 이르면 "눈에 보이지 않는 '관계의 의미'와 사물의 그늘까지 바라보는 깊이 있는 통찰력"(김춘식, 〈해설〉, 117쪽)으로 확대된다. 그리고 네 번째 시집 『사랑이라는 재촉들』(문학과지성사, 2011)에 와서는 "시인의 자화상과 시작(詩作)에 대한 반성"(이선경, 〈해설〉, 128쪽)으로 귀착된다. 이처럼 자아의 탐색에서 출발해 사물이라는 우회로를 거쳐 다시 자아에게로 귀환하는 여정이야말로, 시인의 생(生)의 여정과 그것의 갈무리로서 시작(詩作)의 핵심 토대를 구성하고 있는 것이다.

유종인의 첫 시조집 『얼굴을 더듬다』는 바로 이런 문맥 속에 놓인다. 다시 말해 시조는 시인이 밟아온 전체 시작(詩作)의 축약이며, 이런 의미에서 시인의 생(生)의 축도(縮圖)이기도 한 것이다. 여기서 우리는 새롭게 묻지 않을 수 없다. 그렇다면 결국 시조는 시적 여정의 재판에 불과한가? 네 권의 시집을 통해 이미 충분히 모색되어온 여정이라면, 왜 굳이 시인은 시조라는 장르를 통해 자신의 생(生)과 시작(詩作)의 여정을 다시 한 번 요약하고 있는가? 결론부터 말하자면, 시인에게 시조는 단순한 요약이 아니다. 시조의 선택은 기존의 시작(詩作)이 봉착한 한계와 밀접한 관련이 있다. 기존의 시적 여정에서 발행(發行)한 결락(缺落)을 극복하려는 의지가 시조라는 새로운 장르의 선택으로 나타나고 있다는 말이다.

이는 시조라는 장르가 지닌 특수성, 즉 기존의 시적 모색과는 변별되는 것으로서 시조가 지닌 독자성에 대한 질문으로 우리를 이끈다. 이를 위해, 무엇보다도 먼저 그가 봉착한 한계와 대면할 필요가 있다. 최근작 『사랑이라는 재촉들』의 시편들에는 이에 대한 직접적인 언급이 있어 좋은 참조가 된다. "아비의 붓은 더 무거워진다"(「먹기러기들」)와 "한 줌 가벼이 울고 싶네"(「오늘의 문장」)에서 보듯, 기존 시작의 한계는 무거움으로 표상되는 어떤 구속의 상태로 인식되고 있다. 여기서 무거움과 가벼움은 구속과 자유의 상태를 나타내는 척도로서 기능한다. "오늘부터 십자가는 한결 가벼워질 테다"(「버섯」)는 이러한 사실을 보여주는 또 다른 예다. 이처럼 시조는 가벼움으로 상징되는, 얽매임으로부터 해방된 시적 상태의 지향과 밀접한 관련이 있다.

따라서 유종인 시인에게 시조는 가벼움과 자유의 시학(詩學)을 표상하는 하나의 장르다. 생략과 압축에서 기인하는 여백의 미는 시조를

자유의 시학이라는 지표로서 기능할 수 있게 해준다. 이런 의미에서 시조는 동양화, 특히 문인화(文人畵)에 가깝다. 그것은 시(詩), 서(書), 화(畵)가 일체를 이루고 있다는 것뿐만 아니라, 그림 속에 단순한 기예(技藝)가 아니라 문기(文氣)가 스며 있다는 의미에서 더욱 그러하다. 그리고 바로 여기가 시조의 장르적 특성과 시인이 지향하는 자유의 시학이 만나는 지점이다. 그리하여 시인에게 시조는 단순한 요약이 아니라, 자유의 시학이라는 시적 기상의 표백인 한에서 '생(生)의 적바림'인 것이다. 그의 시조가 항상 늠름할 수 있는 것도 이런 까닭 때문이다.

2

이제 우리는 어떻게 이런 일이 가능한지 그 실제적 내막을 들여다볼 터인데, 우선 궁금한 것은 '생(生)의 적바림'의 구체적인 내용이다.

죽은 자여,

이 갓 낳은 초록을 마저 보라

무덤 풀 새로 돋아 손으로 쓸어보니

죽었다

살아왔다는 그 말이

푸르게

젖어왔네

_「풀」 전문

시인에게 삶은 죽음과 대척적이지 않다. 양자는 공존하는 것이기에, 분별된 두 개의 세계를 구축하지 않는다. 위의 시에서 무덤과 그 위에 핀 풀은 각각 죽음과 삶을 상징하나, 결코 적대적으로 대립하지는 않는다. 이는 살아 있는 자가 느끼는 것이 죽음도 삶도 아닌, 양자가 공존하는 "죽었다//살아왔다는" 것이기 때문이다. 게다가 이 공존의 현장을 직시하라("보라")는 시인의 엄명은 살아 있는 자가 아니라 "죽은 자"에게로 향해 있다. 이것은 삶과 죽음 사이에 절대적인 경계를 긋고 있지 않음을 반증한다. 시인에게 "삶과 죽음, 있음과 없음은 끝내 분별되지 않는" 하나의 세계를 구축하며, 이런 의미에서 "삶은 '죽음이 싱싱한' 상태일 뿐"[1]이다. 삶을 죽음과 대척하는 것이 아니라, 죽음과 공존하는, 아니 오히려 죽음의 한 차원으로 인식하는 것은 사물과 존재에 대한 새로운 인식을 요청한다.

거꾸로 선 나무들이 뿌리 얼굴로 환히 울면,

양수 터진 바위는

---

[1] 이장욱, 「만상의 交友錄」, 『교우록』, 문학과지성사, 2004, 162쪽. 삶을 "죽음의 싱싱한 상태"로 보는 태도는 「행진곡」의 "죽으러 가자, 더 죽으러 가야겠다!"와 「驛長의 가을」의 "아무리 살아도 죽음은 닳아질 뿐이다", 「交友錄」의 "친구는/죽은 친구가, 아직 만나지 않은 친구가/제일 좋은 친구다" 등의 구절에서도 확인할 수 있다.

역산(逆産)으로 꽃을 낳다

_「카메라 옵스큐라」 부분

카메라 옵스큐라(camera obscura)는 '어두운 방'이라는 뜻이다. 이곳에서 사물들은 뒤집힌 상(像)으로 존재한다. 그런데 시인은 이 뒤집힌 상을 단순히 우리 시각 체계의 오인(誤認)으로 간주하지 않고, 오히려 사물과 존재의 새로운 차원을 인식하는 계기로 삼는다. 다시 말해 시인의 시선은 "거꾸로 선 나무들"이라는 이미지에 한정되는 것이 아니라, "뿌리"를 "얼굴"과 "환히"를 "울면"과 등치시킴으로써 기존의 이원론적 사유 틀을 넘어서고 있는 것이다. 이것은 나무의 뿌리가 바위를 깨뜨린다는 현상 이면에, 깨진 바위가 역으로 나무의 꽃을 피운다는 "역산(逆産)"에 대한 인식으로 확장된다.

그가 생을 적바림하는 것은 바로 이러한 차원에서다. 삶과 죽음의 공존, 있음과 없음의 양립. 그 속에서 시인은 마치 하나의 '카메라 옵스큐라'처럼 사물들과 존재의 새로운 차원을 인화한다. 따라서 그것은 단순한 요약이 아니다. 거기에는 잘 정리된 다이제스트가 존재하지 않는다. 오히려 그것은 새로운 발견에 가깝다. 이는 시인이 사물들의 표면을 관찰하는 자가 아니라는 것을 보여준다. 어떤 의미에서 시인은 현상의 이면을 탐색하기 위해 스스로를 청맹과니로 만드는 자에 가깝다. 자신을 청맹과니로 만든 자라면 이제 사물을 인식하는 방법도 달라질 터. 시인과 사물의 관계는 여기에서부터 재편된다.

아둔한 저희라서 침묵의 소관이라니,

읽히는 게 없다니,

아니다,

더듬어봐라!

지옥의 소름을 끌어다

몸에 두른

점자(點字)를,

_「두꺼비」 전문

'카메라 옵스큐라'처럼 사물과 존재의 위상을 뒤집어 보는 것은 쉬운 일이 아니다. 말 그대로 자신을 '어두운 방'으로 만들어야 하기 때문이다. 인식의 주체는 스스로를 계몽(enlightment)함으로써 끊임없이 이 무명(無明)에 저항한다. 그리고 그 계몽의 빛을 되비추지 않는 것들에게 "읽히는 게 없다"는 '아둔'과 '침묵'의 기표를 부여한다. 「두꺼비」에서 시인이 경계하는 것이 바로 이것이다. 눈을 감고 자신을 청맹과니로 만듦으로써, 사물의 이면이 발화하는 것을 더듬는 것! 그러나 반복컨대 이것은 쉬운 일이 아니다. 왜인가? 그것은 "지옥의 소름"을 더듬는 일이기 때문이다. 이 "지옥의 소름"이 무엇의 적바림인지는 2003년 『동아일보』 신춘문예 시조 부문 당선작인 「촉지도(觸地圖)를 읽다」를 통해 읽을 수 있다.

나무는 죽을 때까지 땅 속을 더듬어가고
쉼 없이 꺾이는 길을 허방처럼 담은 세상

죄 앞에 눈 못 뜬 날을 철필로나 적어볼까

　　내 안에 읽지 못한 요철 덩어리 하나 있어
　　눈귀가 밝던 나도 소스라치게 놀라는 몸
　　어머니 무덤마저도 통점의 지도였다
　　　　　　　　　　_「촉지도(觸地圖)를 읽다」 부분

"지옥의 소름"은 일차적으로 대상의 차원에서 두꺼비의 표피에 존재한다. 그러나 그것은 인식의 주체에게 과거를 환기시킨다. 즉 "내 안에 읽지 못한 요철 덩어리"를 소환함으로써, 과거의 "죄 앞에 눈 못 뜬 날"을 보게 하는 것이다. 그 죄가 벌이는 "쓰거운 불의 잔치"(「폐가에서」) 앞에서 시인의 반응은 소스라치게 놀라는 일뿐이다. 바로 이것이 인식의 주체의 차원에서 "지옥의 소름"을 구성한다. 따라서 자신을 '어두운 방'으로 만든다는 것은, "죄 앞에 눈 못 뜬 날"을 경계하기 위해 '카메라 옵스큐라'의 불을 끈다는 것을 의미한다. 그리고 이는 불침번을 서기 위해 불면에 시달리는 자아가 숙면을 취한다는 것을 의미하기도 한다. 이때 '더듬거리는 것'은 시적 주체가 이 "지옥의 소름"끼치는 역설을 돌파하기 위한 유일한 선택이다. 그것은 청맹과니로서 시인이 사물과 직접적으로 대면하는 방식이다.

　　흰 모란꽃을 잘못 보고 작약꽃이라 일러줬다

　　모란꽃이 지고 나서야 작약꽃을 마주쳤다

　　꽃 이름

>   허공에 버리고
>
>   그 얼굴만 더듬었다
>   _「얼굴을 더듬다」 전문

　　위의 시는 사물에 대한 우리의 인식의 한계와 오류를 폭로하고, 그것에 대한 반성을 촉구한다. 문제는 이름으로 아는 것이 아니라 몸으로 느껴서 아는 것이다. 이는 인간의 입이 자의적으로 발화한 소리에 대한 회의를 포함한다. 스스로를 청맹과니로 만든 자가 사물과 직접적으로 대면하는 유일한 방식은 손으로 혹은 몸으로 사물을 '더듬는 것'뿐이다. 이렇게 해서 주체가 느끼는 것은 무엇인가? 그것은 "꽃 이름"이 아니라, "그 얼굴"로 호명된 사물의 어떤 상태이다. 그러나 그것이 구체적으로 어떤 형상을 하고 있는지는 묻지 말자. 이 질문 자체에는 이미 눈으로 보는 어떤 상에 대한 요구가 있기 때문이다. 오히려 "그 얼굴"은 가시적인 이미지가 아니라, 사물의 본체(Ding an sich)에 가깝다. 다름 아니라 '생의 적바람'으로서 촉지도인 것이다. 이런 의미에서 그것은 해독(解讀)을 요청하는 문자다.

>   읽어보세요
>
>   이 백지(白紙)를 읽으러 걸어 나오세요
>
>   폭설의 흐린 하늘을 유족처럼 거느리시고
>
>   적막한 눈설레를 봐요

한 무덤 속

세상이지요
　　　　　　　_「무연고 묘지에 내리는 눈」 부분

"백지"는 폭설로 뒤덮여 사물들이 사라진 상태다. 눈으로 가려지고 덮여, 오로지 사물들의 윤곽만이 요철로 남은 상태가 그것이다. 그런데 문제는 적막한 이 풍광이, 아니 어찌 보면 아름답기까지 한 이 사물의 상태가 우리에게 특정한 효과를 불러일으킨다는 점이다. 그것은 "읽어보세요"로 표현된, 또 "이 백지(白紙)를 읽으러 걸어 나오세요"로 반복 표출된 해석의 요구이다. 그것이 요청이든 아니면 완곡한 명령이든, 사물의 "백지" 상태는 항상 해독(解讀)을 요청하는 요구로서 기능한다. 그렇다면 여기에 기록된 것은 무엇인가? 그것은 "한 무덤 속//세상"이다. 그것이 "세상"인 한에서, 촉지도는 사물의 존재 방식과 유비(類比)의 관계를 이룬다. 또한 그것이 "한 무덤 속"인 한에서, 촉지도는 삶과 죽음이 공존하고, 있음과 없음이 양립하는 생의 국면을 축약한다. 그러니 "백지"는 우리의 생을 적바림하는 일종의 점자(點字)인 셈이다.

그럼 누가 이 점자를 해독할 것인가? 누가 이 요구에 응답한단 말인가? 그는 일차적으로 "걸어 나오"는 자다. "유족"이라는 단어를 통해 짐작컨대, 그는 무덤에서 "걸어 나오"는 자다. 따라서 "걸어 나오"는 자는 죽은 자다. 물론 이것은 실제로 죽은 자이기보다는 상징적으로 죽은 자에 가깝다. 만약 우리가 자기 눈을 찌르는 오이디푸스의 행위를 상징적 죽음의 원형으로 간주한다면, 점자를 해독하는 자는 바로 시인이 되는 셈이다. 왜냐하면 시인은 제 스스로를 청맹과니로 만드는 자이기 때문이다. 더욱 놀라운 것은 시인이 이 호명에 응답하는 방식이다.

3

사물들의 "백지" 상태는 두 가지 충동의 원인이다. 하나는 "읽어보세요"라는 요구로 발화된 읽기에의 충동이고, 다른 하나는 "눈보라 치는 밤에 지두화(指頭畵)를 그렸느니"(「최북(崔北)」)로 표현된 '쓰기/그리기'에의 충동이다. 전자가 사물의 "그 얼굴"을 해독(解讀)하려는 욕망이라고 한다면, 후자는 "죄 앞에 눈 못 뜬 날"을 해독(解毒)하려는 욕망이다. 무엇보다도 시인은 후자의 충동을 통해 전자의 욕망에 화답하는 자이다.

함박눈에 뱀 생각을

쓰겁게 꺼내노니,

핫옷을 입혀서는 눈 구경을 시킨 뒤에,

먹물에

담근 몸으로 화선지를 가보라네

눈밭에 불타는 나무, 그 선처(善處)에 기어올라

냉혈(冷血)의 뻣센 몸을 굽이굽이 풀은 뒤에

일필(一筆)로

달리는 설원

왕희지(王羲之)가

몸을 탔다
　　　　　　　_「한겨울 뱀을 생각하기로」 전문

　한겨울에 뱀을 생각하는 것은 함박눈이 형성하는 어떤 조건과 관련이 있다. 함박눈이 만드는 "백지" 상태는 시인에게 쓰기의 충동을 일으키는 "달리는 설원"이 된다. 여기서 뱀이 붓으로 인식되는 것은 마땅한 일. 그러나 주의할 것은 이 '뱀이라는 붓'이 단순한 문방구로 간주되어서는 안 된다는 점이다. '뱀이라는 붓'은 타자에 의해 조작되는 수동적인 존재가 아니라, 자기 스스로 움직이는 능동적인 존재이기 때문이다. 이는 시적 화자가 뱀에게 설원이라는 화선지로 "가보라"고 권유하고 있는 사실에서 확인할 수 있다. 다시 말해 시적 화자는 뱀을 살아 있으면서 제 스스로 '쓰는/그리는 주체'로서 인식하고 있는 것이다. 따라서 뱀은 자기 스스로 움직이는 붓이 되고, "가보라"는 권유는 '쓰기/그리기'의 자연 상태에 대한 시적 화자의 충동을 우회적으로 표현하는 것이 된다. 바로 이 쓰기에의 충동이 일으킨 능동적 자발성의 상태가 "왕희지가//몸을 탔"을 때이다. 이러한 상태는 '쓰기/그리기'를 통해 시인이 도달하고자 하는 어떤 궁극적인 경지를 예시한다. "산닭의 피를 찍어 대숲 소리를 베껴 쓰다"(「별서(別墅)를 찾아서」)에서 보듯, 사물로써 사물의 소리를 쓰는 경지가 그것이다. 여기서 자아는 사물들의 경내로 사라지고, 시적 주체는 오롯이 "베껴 쓰"는 존재가 된다. 이렇듯 시인은 무아(無我)의 경지에 대한 지향을 통해 궁극적으로 "야생과 천연을 활물로 전달하는 서정"[2]을 표현하고 있다.

그러나 여기서 한 가지 잊어서는 안 될 일은, "야생과 천연을 활물로 전달하는 서정"이 시적 주체의 '쓰기/그리기'의 근원적인 한계에 대한 인정에서 비롯되고 있다는 사실이다. 시인이 그리는 "대숲 소리"에는 "산닭의 피"의 냄새가 배어 있다. 그렇기에 그의 시조는 애절하다. "묵은 시를 태우니/사족(蛇足)들이 발뺌한다"(「시안(詩眼)」)를 보라. 자기의 시를 "사족"으로 규정하는 자의 고통은 도대체 어느 정도일 것인가? 여기서 우리는 "함박눈에 뱀 생각을//쓰겁게 꺼내노니"에서 "쓰겁게"라 한 까닭을 이해할 만하다. 그것은 붓으로서 자신의 신체, 즉 "냉혈(冷血)의 뼛센 몸"이 갖는 근원적인 한계에 대한 자각에서 오는 고통이다. '쓰는/그리는' 주체로서 "냉혈(冷血)의 뼛센 몸"이 유발하는 고통에 대한 자각은 그의 첫 시집에서부터 지속되어 온 것이다.

> 어머니 이젠 돌아갈 곳이 죽음밖에 없습니다
> 죽음도 이젠 쓸쓸해서 더 이상 귀 기울여지지 않습니다
> 묻어도 묻어도 자꾸 살아 돌아와
> 내가 누구냐고 묻습니다 무슨 말로 된 삽과 기억의 흙을 퍼

---

[2] 이선경, 「현물(現物)의 사랑, 활물(活物)의 시」, 『사랑이라는 재촉들』, 문학과지성사, 154쪽.

다시 날 묻어야 할까요 어머니!
　　　　　　　　　　　_「부려먹을 뱀이 없다 1」 부분

　첫 번째 시집의 표지사에서, 그는 이 주체할 수 없는 고통을 "난 이미 고통의 누드!"라는 말로 일갈한 적이 있다. 죽음도 어찌할 수 없는 이 고통 앞에서, 시인은 고통의 탈출구로서 시를 선택한다. 이때 시는 일종의 "자기최면술"로 기능한다. 그러나 이 "자기최면술"이 실재하는 고통에 대한 의식적 무관심에서 발원하는 한, 그것은 오히려 몸을 고통에 익숙하게 만듦으로써 고통에 중독되게 만들 뿐이다. 즉 쓰기는 고통의 치유가 아니라 고통을 강화하는 역기능을 하게 되는 것이다. 이는 두 번째 시집 『교우록』의 한 구절, "이 生이 내게 물려준 대로 다 찍기엔/가시 같은 말들이 너무 많았다"(「棺」)에서도 확인할 수 있다. 현대식 붓인 타자기를 '관(棺)'이라는 말(언어)의 무덤으로 인식하는 것은, "냉혈(冷血)의 뻣센 몸"에 대한 자각과 그것이 유발하는 쓰기의 고통이 지속되고 있음을 보여준다. 세 번째 시집의 표제시인 「수수밭 전별기」에서, "나는 나를 수수방관하여/홑겹의 세상에 묵은 결을 두었다"라고 한 것도 이러한 맥락에서이다. 왜냐하면 자기를 수수방관한 것의 참담한 결과는 "말을 다 하지 못한 피"라는 쓰기의 한계로 표출되기 때문이다. 이러한 사실들은 시인에게 '쓰기/그리기'의 한계에 대한 자각이 얼마나 철저하고 도저한 것인지를 예증한다.

　그리하여 우리는 "냉혈(冷血)의 뻣센 몸"이 유발하는 고통이 쓰기의 한계에 대한 자각에서 오는 것임을 확인할 수 있다. 이러한 자각은 네 번째 시집에서도 "겨우내 이 어눌(語訥)에서 풀릴까 했는데"(「섬돌」)라는 탄식으로 반복된다. "냉혈(冷血)의 뻣센 몸"을 풀기 위한 사투는 한 계절을 다 바치고서도 나아지지 않는 것이다. "어눌(語訥)"의 반복과 지속은 주체의 무능을 증명한다기보다, 차라리 "냉혈(冷血)의 뻣센 몸"의 기원이 갖는 완고함을 표현하는 것으로 봐야 한다. "이 정신의 수전(手顫)은/당신이 주셨는가"(「겨울 선자(扇子)-자화상」)라는 물음 속에는, "냉혈(冷血)의 뻣센 몸"을 준 자에 대한 고통스런 절규가 스며 있다. 여기서 "당신"이 "물어보시는 아버지 손에 족제비 붓 한 자루 쥐어드리나이다"(「백골전서」)의 그 "아버지"와 관련이 있다는 것은 분명해 보인다. 이것은 "냉혈(冷血)의 뻣센 몸"의 기원이 되는 "아버지"가 "어눌(語訥)"과 "수전(手顫)"의 기원이 되는 까닭을 설명한다. 즉 "아버지"는 '쓰는/그리는' 주체로서 나의 이상적 자아(ideal ego)로 기능하고 있는 것이다. 이러한 의미에서 쓰기의 충동의 기원이 되는 "아버지"는 실제의 아버지라기보다는 종교적 차원을 포함한 상징적 아버지로 봐야 한다. 시인에게 "아버지"는 개별적인 이미지가 아니라 말하는 자, 그러니까 말로써 무엇을 요구하는 자로 존재하는 것이다. "改漆하지 마라!"(「벼루를 깍다」, 『교우록』)라는 명령. 특정 '쓰기/그리기'에 대한 금지는 그것과는 다른 '쓰기/그리기'에 대한 강력한 요구를 반증한다. 따라서 우리는 '쓰기/그리기'에 대한 아버지의 요구를 충족시키기 위해, 최종적으로 '아버지의 붓'이 되려는 자와 대면하고 있다. '미루나무라는 이름의 붓'도 마찬가지이다.

> 바람 불어 길게 휘어지는 미루나무,
> 허리 아래까지 혼들리며
> 허공의 화선지 깊이 눌러 써대는 저 筆力
>
> 아무리 휘갈려 써본들
> 아무리 파지를 낸들

하늘엔 기러기 떼 지나간 흔적도 남지 않는다

(중략)

마른 우듬지 위에 흰 눈이 묻어온다
허공에선 죽은 나무의 운필이 너무 고요하다
모지라진 미루나무 禿筆은 불쏘시개로 쪼개진 뒤
아궁이 속 불길로 휘갈겨지는 草書體들

지붕에 꽂힌 굴뚝 筆鋒에 연기의 필체가 흐리다
_「미루나무」 부분

시인은 아마 이 미루나무의 "筆力"을 배우는 중일 게다. 아무런 흔적도 남기지 않는 "허공의 화선지"에 온몸으로 쓰는 미루나무의 필체, 그것은 문자화된 아버지의 요구("改漆하지 마라")이다. 이것이 최종적으로 생(生)의 적바림으로서 시인의 생의 필력을 구성하고 있는 것이다. 생의 적바림이 그러하듯, 미루나무의 필체가 그리는 생의 필력에는 특정한 죽음이 예고되어 있다. 곧 미루나무의 죽음, 보다 정확히 말하자면, '미루나무라는 이름의 붓'의 죽음이 그것이다. "모지라진 미루나무 禿筆"이 허공중에 그리는 이 "죽은 나무의 운필"은 무엇을 말하는가? 우선 죽은 나무가 죽은 채로 허공중에 그리는 움직임은 죽음의 필력을 충족시키지 못한다. 왜냐하면 그것은 죽음 자체가 그리는 필체가 아니기 때문이다. 우리는 또 다른 죽음이 그리는 필체를 염두에 두어야 한다. 그것은 "모지라진 미루나무 禿筆"이 "불쏘시개로 쪼개진 뒤/아궁이 속 불길로 휘갈겨"질 때 나타나는 필체다. "연기의 필체"로 산화하면서 허공중에 써지는 "草書體들", 이것이야말로 죽음 자체의 필력이라고 할 수 있다.

    그의 시조는 바로 이 죽음 자체의 필력, 즉 '아버지의 붓'이 탈 때 피우는 죽음 자체의 필체와 관계한다. 이것은 단지 시조의 내용에 대한 언급이 아니다. 시조의 내용이 특정 '쓰기/그리기' 양식으로 외화되는 순간의 시적 사태에 대한 총체적인 언급이다. 그렇다면 우리는 궁금하지 않을 수 없다. 그의 시(조)가 내용과 양식 차원에서 최종적으로 소멸하면서 써지는 어떤 필력을 지향하고 있다면, 그의 다음 선택은 무엇이겠는가? 그의 시(조)가 점점 더 죽음 자체의 필체를 닮아갈 것이라는 것은 불을 보듯 뻔하다. 왜냐하면 그의 손에는 '아버지의 붓'이 들려 있기에. 그러나 오해하지는 말자. 이것이 절필을 의미하는 것은 아님을. 오히려 그는 "모지라진 미루나무 禿筆"을 통해 더욱 철저히 죽음의 세계를 주조해나갈 것이기에.

시인의 말

　어리석고 용렬한 마음의 버력들이 여기 있다. 가끔은 이리저리 뒤집어보고 허공에 들었다 놨다 해본다. 남들은 볼썽사납다지만 나는 기꺼이 샛강 여울에 들고 가 징검돌로 앉혀본다. 숨이 차다.
　등짝과 머리로는 뭇 발길과 하늘의 입김을 받치고, 물 아래 몸으로는 세속을 흘러가는 강물에 젖은 징검돌.
　강물이 불어나 내가 놓은 돌이 떠내려가기도 하리라. 그땐 내 어리석은 마음이 바닷가 몽돌이 되려 떠났다가 낙망을 달래리라.
　이가 빠진 징검다리에 새로 놓을 시조의 말을 물색하리라.
　큰 말을 내려놓고 내 곁에 오래 머무는 과묵한 말들과 벗을 틀 것이다. 슬기로운 그대여, 나는 때때로 어눌하고 혀가 짧아질 것이네. 혀짤배기가 내려놓는 징검돌이 비록 작아도 큰 바위는 나중에 부르리라. 발바닥만 젖고 옷은 성한 채 강 건너간 사람들의 웃음소리를 내 귀는 반기리라.

일산 정발산 기슭에서
2012년 9월 유종인

실천시선 201
얼굴을 더듬다

2012년 9월 12일 1판 1쇄 찍음
2012년 9월 19일 1판 1쇄 펴냄

지은이   유종인
펴낸이   손택수
편집   이상현, 이호석, 임아진
디자인   풍영옥
관리 · 영업   김태일, 이용희, 김가영

펴낸곳   (주)실천문학
등록   10-1221호(1995.10.26.)
주소   우121-839, 서울시 마포구 서교동 478-3 동궁빌딩 501호
전화   322-2161~5
팩스   322-2166
홈페이지   www.silcheon.com

ⓒ 유종인, 2012

ISBN 978-89-392-2201-4   03810

이 시집은 2010년 대산창작기금을 수혜하였습니다.
이 책 내용의 전부 또는 일부를 재사용하려면
반드시 지은이와 실천문학사 양측의 동의를 받아야 합니다.